El ga y otros cuentos

Un libro de SSR
por
Meg Villanueva

Ilustrado por
Sarah Kelly
Y
Karen Phillips

EL GATO MISTERIOSO
can be used as silent reading by students after
their first semester of Spanish One. It may also
be used as assisted reading by students from the
beginning of Spanish One.

La sirena baila
Libro dos

Copyright 2014
All Rights Reserved

ISBN Number
ISBN-13:
978-1500437916

ISBN-10:
1500437913

Índice

Acknowledgements

I would like to thank the following people for their help on this book:

Brian Barabe
Thank you for giving me your time and talent, both in editing and proofreading. I'd be lost without you.

Sarah Kelly and Karen Phillips
Your art adds so much to this book— words can't express my gratitiude.

Blaine Ray
I would never have kept on teaching Spanish if it weren't for you. Mil gracias por todo su apoyo.

And finally

The readers of moretprs.com and La sirena baila
Who have given insight and advice. I'm glad to be part of your family.

Capítulo Uno

El perro azul

Hay un chico. Se llama Ralph. Ralph quiere un perro azul. Hay un problema. Ralph no tiene un perro azul. Ralph va a su mamá. Le dice–- Mamá, quiero un perro azul. ¿Tienes uno?-- Mamá le dice–No tengo un perro azul. Tu abuela tiene muchos perros. ¿Tiene un perro azul ella?—

Ralph va a la casa de su abuela. La abuela tiene perros grandes y perros chiquitos. Tiene perros negros y perros blancos. Tiene perros bonitos y perros feos. Pero no tiene un perro azul. La abuela le dice a Ralph—Hay perros azules en Walmart.

Ralph va a Walmart. Va a Walmart porque quiere un perro azul. En Walmart hay muchos perros. Hay perros rojos y perros blancos. Hay perros verdes y perros anaranjados. Los perros son de plástico. También hay dos perros azules. Hay un perro azul muy grande y un perro azul muy chiquito.

Ralph mira los perros. ¡Son fantásticos! Ralph tiene dinero (money) y compra (he buys) el perro grande y azul de plástico.
Ralph está contento.

El perro azul (pasado)

Había un chico que se llamaba Ralph. Ralph quería un perro azul. Había un problema. Ralph no tenía un perro azul. Ralph fue a su mamá. Le dijo–Mamá, quiero un perro azul. ¿Tienes uno?—Mamá le dijo –No tengo un perro azul. Tu abuela tiene muchos perros. ¿Tiene un perro azul ella?—

Ralph fue a la casa de su abuela. La abuela tenía perros grandes y perros chiquitos. Tenía perros negros y perros blancos. Tenía perros bonitos y perros feos. Pero no tenía un perro azul. La abuela le dijo a Ralph—Hay perros azules en Walmart.—

Ralph fue a Walmart. Fue a Walmart porque quería un perro azul. En Walmart había muchos perros. Había perros rojos y perros blancos. Había perros verdes y perros anaranjados. Los perros eran de plástico. También había dos perros azules. Había un perro azul muy grande y un perro azul muy chiquito.

Ralph miró los perros. ¡Eran fantásticos! Ralph tenía dinero y compró el perro grande y azul de plástico. Ralph estaba contento.

El problema de John

Un chico que se llama John es muy alto. Es muy guapo. Es muy inteligente. Pero John tiene un problema. John quiere tener una novia. Cuando está en el cine (the movies), no está contento porque no tiene una novia. Cuando está en un restaurante, no está contento porque no tiene una novia. John decide que necesita una novia.

John va a la misa. Hay muchas chicas en la misa. Una chica es muy bonita. Se llama Julie. Es muy inteligente. Es muy cómica. Pero hay un problema. Julie es muy baja. No quiere un novio muy alto. John quiere a Julie de novia, pero Julie dice –No--. John no está contento.

John va a una escuela. Hay muchas chicas en la escuela. John quiere una novia, pero hay un problema. ¡Es una escuela de grados 1-6! Las chicas son jóvenes (young). ¡No hay una novia para John! John no está contento.

John va a un partido (game) de basquetbol. Hay muchas chicas bonitas. John quiere una chica bonita. Las chicas son inteligentes. John quiere una chica inteligente. Y—¡Hay muchas chicas altas! John quiere una chica muy alta. John está contento porque ahora (now) puede tener una novia.

El problema de John (pasado)

Un chico que se llamaba John era muy alto. Era muy guapo. Era muy inteligente. Pero John tenía un problema. John quería tener una novia. Cuando estaba en el cine, no estaba contento porque no tenía una novia. Cuando estaba en un restaurante, no estaba contento porque no tenía una novia. John decidió que necesitaba una novia.

John fue a la misa. Había muchas chicas en la misa. Una chica era muy bonita. Se llamaba Julie. Era muy inteligente. Era muy graciosa. Pero había un problema. Julie era muy baja. No quería un novio muy alto. John quería a Julie de novia, pero Julie le dijo –No-- John no estaba contento.

John fue a una escuela. Había muchas chicas en la escuela. John quería una novia, pero había un problema ¡Era una escuela de grados 1-6! Las chicas eran jóvenes. ¡No había una novia para John! John no estaba contento.

John fue a un partido de basquetbol. Había muchas chicas bonitas. John quería una chica bonita. Las chicas eran inteligentes. John quería una chica inteligente. Y había muchas chicas altas. John quería una chica muy alta. John estaba contento porque ahora podía tener una novia.

¡Yo quiero un gato!

Hay una chica que se llama Marcia. A Marcia le gustan los gatos. Marcia está triste porque no tiene un gato. Marcia quiere un gato. Tiene dos perros, cinco hámsteres, diez peces, y trece cucarachas, pero no tiene ni un gato.

Marcia va a su mamá. Le dice ---¿Puedo tener un gato, por favor? Su mamá le dice --¡No! Tienes muchos animales. No necesitas un gato. Marcia está triste y empieza a llorar.

Marcia va a su papá. Le dice -- Papa, ¿puedo tener un gato, por favor?-- El papá se ríe. –No Marcia. Tienes muchísimos animales.
No necesitas un gato.-- Marcia está muy triste. Se cae al piso y llora mucho.

Marcia tiene una amiga que se llama Susan. Susan es una chica muy interesante. Tiene un ojo azul y un ojo verde. Le gusta hablar con Marcia. Susan va a la casa de Marcia. Marcia está triste y llora. Susan le dice --¿Por qué lloras, Marcia?-- Marcia le dice –Lloro porque quiero tener un gato y no puedo tener uno.-- Ella empieza a llorar otra vez (again) y se cae al piso otra vez.

Susan tiene una solución. –Marcia, tengo un gato en mi casa. Mi gato se llama "Fluffball". Mi gato es tu gato. Tú puedes tener mi gato cuando estás en mi casa.

Ahora Marcia no está triste. Se ríe porque está contenta. Se cae al piso otra vez, pero es porque ella está tan (so) contenta. ¡Qué buena amiga!

Ahora Marcia no está triste. Se ríe porque está contenta.

¡Yo quiero un gato! (pasado)

Había una chica que se llamaba Marcia. A Marcia le gustaban los gatos. Marcia estaba triste porque no tenía un gato. Marcia quería un gato. Tenía dos perros, cinco hámsteres, diez peces, y trece cucarachas, pero no tenía ni un gato.

Marcia fue a su mamá. Le dijo ---¿Puedo tener un gato, por favor?—
Su mamá le dijo --¡No! Tienes muchos animales. No necesitas un gato.—Marcia estaba triste y empezó a llorar.

Marcia fue a su papá. Le dijo -- Papa, ¿puedo tener un gato, por favor?-- El papá se rió. –No Marcia. Tienes muchísimos animales. No necesitas un gato.-- Marcia estaba muy triste. Se cayó al piso y lloró mucho.

Marcia tenía una amiga que se llamaba Susan. Susan era una chica muy interesante. Tenía un ojo azul y un ojo verde. Le gustaba hablar con Marcia. Susan fue a la casa de Marcia. Marcia estaba triste y estaba llorando. Susan le dijo --¿Por qué lloras, Marcia?—Marcia le dijo –Lloro porque quiero tener un gato y no puedo tener uno.— Ella empezó a llorar otra vez (again) y se cayó al piso otra vez.

Susan tenía una solución. –Marcia, tengo un gato en mi casa. Mi gato se llama "Fluffball". Mi gato es tu gato. Tú puedes tener mi gato cuando estás en mi casa.—

Ahora Marcia no estaba triste. Se rio porque estaba contenta. Se cayó al piso otra vez, pero era porque ella estaba tan (so) contenta. ¡Qué buena amiga!

Ahora Marcia no estaba triste. Se rio porque estaba contenta

Gato número doce

Hay un chico que se llama
Tommy. Tommy tiene muchos animales. Tiene
13 gatos, 11 elefantes, 8 camellos, 2 perros y un
hámster. Al chico le gustan mucho los animales.

Un día, un gato pequeño escapa de la casa de
Tommy. No quiere vivir en la casa de Tommy
porque quiere ser (to be) un gato especial. En la
casa de Tommy, él se llama gato número 12. No
quiere ser Gato número 12. Quiere ser
"Stormaggeden, Dark Lord of All". Al gato le
gusta el programa "Dr. Who."

Tommy ve que el gato no está. --¿Dónde está el
gato?—dice Tommy. –El gato escapó--le dice su
hermana Julie. Tommy quiere el gato. Agarra un
elefante grande que se llama Elefante Número 5 y
va a buscar (to look for) el gato.

Tommy busca (looks for) el gato. El gato es
pequeño, y es difícil encontrarlo. Por fin (finally)
Tommy ve al gato. Está con un bebé. Tommy va
al gato y agarra al gato. El bebé llora y le tira su
botella de leche a Tommy. El gato también
llora. Tommy empieza a llorar también (too).

Tommy no quiere ver a un bebé triste. Le da el
gato pequeño al bebé. El bebé está contento. El
gato está contento. Tommy no está contento, pero

muy pronto ve otro gato. Ahora (now) tiene otro
Gato Número 12. Tommy está súpercontento.

*No quiere ser Gato número 12. Quiere ser "Stormaggeden,
Dark Lord of All". Al gato le gusta el programa "Dr.
Who."*

Gato número doce (pasado)

Había un chico que se llamaba Tommy. Tommy
tenía muchos animales. Tenía 13 gatos, 11
elefantes, 8 camellos, 2 perros y un hámster. Al
chico le gustaban mucho los animales. Un día, un
gato pequeño escapó de la casa de Tommy. No
quería vivir en la casa de Tommy porque quería
ser (to be) un gato especial. En la casa de
Tommy, él se llamaba "Gato número 12." No
quería ser Gato número 12. Quería ser
"Stormageddon, Dark Lord of All". Al gato le
gustaba el programa "Dr. Who."

   Tommy vio que el gato no estaba.
--¿Dónde está el gato?—le dijo Tommy a su
hermana.
–El gato escapó—le dijo su hermana Julie.
Tommy quería el gato. Agarró un elefante grande
que se llamaba Elefante Número 5 y fue a buscar
(to look for) el gato.

   Tommy buscó (looked for) el gato. El
gato era pequeño, y fue difícil encontrarlo. Por
fin (finally) Tommy vio al gato. Estaba con un
bebé. Tommy fue al gato y lo agarró. El bebé
lloró y le tiró su botella de leche a Tommy. El
gato también lloró. Tommy empezó a llorar
también (too).

15

Tommy no quería ver a un bebé triste. Le dio el gato pequeño al bebé. El bebé estaba contento. El gato estaba contento. Tommy no estaba contento, pero muy pronto vio otro gato. Ahora (now) tiene otro Gato Número 12. Tommy está súpercontento.

No quería ser Gato número 12. Quería ser "Stormageddon, Dark Lord of All". Al gato le gustaba el programa "Dr. Who."

Capítulo Dos

Los chicos y la comida

Hay un chico muy pobre. No tiene zapatos buenos. Tiene zapatos blancos y malos. Tiene pantalones feos. Tiene una camiseta fea también. El chico es muy pobre, pero también es muy gordo. Es muy gordo porque no come comida buena. El chico gordo quiere comer comida buena, pero la comida buena es muy cara (expensive). También el chico gordo come mucho chocolate.

Hay una chica. La chica es muy rica. Ella tiene zapatos blancos y bonitos, pantalones azules y bonitos, y una camiseta rosa y bonita. La chica es muy flaca. La chica rica y flaca come mucha comida buena. No le gusta comer comida buena, pero su mamá sólo tiene comida buena. Ella también come chocolate pero no mucho.

Un día, la chica ve al chico. El chico está comiendo una hamburguesa de MacDonald's y tiene una soda y una barra de chocolate. La chica le dice--¿Por qué estás comiendo comida de MacDonalds? Es comida mala. Ella está comiendo una ensalada de la casa. Es muy buena. No tiene soda. Tiene leche. Ella también tiene una barra de chocolate. El chico dice—Como MacDonald's porque tienen un menú de un dólar. No hay ensalada en mi casa. La chica le dice – ¡Pobre chico!—y le da su ensalada al chico.

El chico está muy contento. Come la ensalada y el chocolate y le gustan. Le dice a su mamá—Por favor, yo quiero ensalada. ¿Me la compras?--

La mamá le dice –Está bien--, y ahora el chico pobre y gordo tiene ensalada en su casa también.

Los chicos y la comida

Había un chico muy pobre. No tenía zapatos buenos. Tenía zapatos blancos y malos. Tenía pantalones feos. Tenía una camiseta fea, también. El chico era muy pobre, pero también era muy gordo. Era muy gordo porque no comía comida buena. El chico gordo quería comer comida buena, pero la comida buena era muy cara. También el chico gordo comía mucho chocolate.

Había una chica. La chica era muy rica. Ella tenía zapatos blancos y bonitos, pantalones azules y bonitos, y una camiseta rosa y bonita. La chica era muy flaca. La chica rica y flaca comía mucha comida buena. No le gustaba comer comida buena, pero su mamá sólo tenía comida buena. Ella también comía chocolate, pero no mucho.

Un día, la chica vio al chico. El chico estaba comiendo una hamburguesa de MacDonald's y tenía una soda y una barra de chocolate. La chica le dijo--¿Por qué estás comiendo comida de MacDonalds? Es comida mala.—

Ella estaba comiendo una ensalada de la casa. Era muy buena. No tenía soda. Tenía leche. Ella también tenía una barra de chocolate. El chico le dijo—Como MacDonalds porque tienen un menú de un dólar. No hay ensalada en mi casa.--

La chica le dijo – ¡Pobre chico!—y le dio su ensalada al chico.

El chico estaba muy contento. Comió la ensalada y el chocolate y le gustaron. Le dijo a su mamá

—Por favor Yo quiero ensalada. ¿Me la compras?-- La mamá le dijo –Está bien--, y ahora el chico pobre y gordo tenía ensalada en su casa también.

La familia feliz

Hay una familia muy interesante. Hay una mamá flaca y bonita y un papá gordo y guapo. Ellos tienen dos hijos (children) adoptados. Lana, la hija (daughter) es una vaca. Darwin, el hijo (son) es un chango (monkey). La familia es muy feliz.

Un día, la mamá está comiendo un plátano. El papá le dice -- El plátano no es para ti. Es para Darwin. La mamá está enojada. Ella le dice –Yo quiero el plátano. Darwin está durmiendo. No necesita un plátano.—

Papá dice –Necesitas comprar otro plátano para Darwin. Los changos necesitan los plátanos.-- Mamá le dice –Está bien—y va a la calle para comprar (to buy) un plátano.

Mamá está caminando en la calle cuando ve a la vaca. --¿Adónde vas, Mamá?—La vaca le dice a su mamá.
--Voy al mercado para comprar un plátano.—
--Quiero caminar al mercado también—ella le dice. Mamá le dice –Está bien—y las dos caminan al mercado. La vaca es muy feliz, pero la mamá está enojada. No quiere comprar un plátano.

En el mercado, los dos ven a un chico muy

pobre. No está contento. Está muy triste. Mamá le dice –¿Necesitas un plátano? El chico le dice

–Sí, por favor.-- La mamá le compra un plátano al chico, un plátano para Darwin, un plátano para el papá, y un plátano para ella. No compra un plátano para la vaca. A ella no le gustan los plátanos. Ella prefiere el chocolate. Mamá compra una barra de chocolate para la vaca, y todos están felices.

La familia feliz (pasado)

Había una familia muy interesante. Había
una mamá flaca y bonita y un papá gordo y
guapo. Ellos tenían dos hijos adoptados. Lana, la
hija era una vaca. Darwin, el hijo era un chango.
La familia era muy feliz.

Un día, la mamá estaba comiendo un
plátano. El papá le dijo-- El plátano no es para ti.
Es para Darwin.-- La mamá estaba enojada. Ella
le dijo –Yo quiero el plátano. Darwin está
durmiendo. No necesita un plátano.—

Papá le dijo –Necesitas comprar otro plátano
para Darwin. Los changos necesitan los
plátanos.-- Mamá le dijo –Está bien—y fue a la
calle para comprar un plátano.
Mamá estaba caminando en la calle cuando
vio A la vaca. --¿Adónde vas, Mamá?—le dijo a
su mamá.
--Voy al mercado para comprar un plátano.—
--Quiero caminar al mercado también—ella
le dijo.
Mamá le dijo –Está bien—y los dos
caminaron al mercado. La vaca estaba muy feliz,
pero la mamá estaba enojada. No quería comprar
un plátano.

En el mercado, las dos vieron a un chico muy pobre. No estaba contento. Estaba muy triste. Mamá le dijo –¿Necesitas un plátano?

El chico le dijo –Sí, por favor.—

La mamá le compró un plátano al chico, un plátano para Darwin, un plátano para el papá, y un plátano para ella. No compró un plátano para la vaca. A ella no le gustaban los plátanos. Ella prefería el chocolate. Mamá compró una barra de chocolate para la vaca, y todos estaban contentos.

Margo y el agua

Hay una chica que se llama Margo.
Usualmente Margo es una chica muy simpática,
pero hoy está enojada. Está enojada porque su
novio, Ralph, quiere muchas cosas. Le dice a
Margo –Quiero un vaso de soda. Quiero un
sándwich. Quiero el remoto.—Nunca le dice por
favor. Nunca le dice gracias.

Margo está con Ralph en el sofá. Ralph le
dice—Margo, quiero un vaso de agua.—Ella le
dice—Un momento, por favor.—

Ralph se enoja (he gets angry).--Margo,
quiero un vaso de agua.—
       --Un momento, Ralph.-- Ralph se enoja
mucho.
    –¡*Margo! ¡Quiero un vaso de agua*
AHORA!—le grita.

Margo está muy muy enojada. Va a la
cocina, coge un vaso de agua, y ¡le tira el agua al
chico! Ralph está sorprendido.

Ahora Margo está feliz. Ralph no le dice
nada a Margo si quiere agua. Él va a la cocina y
se coge el agua sólo. Margo no tira nada, y por
eso Ralph también está feliz.

Margo y el agua (pasado)

Había una chica que se llamaba Margo. Usualmente Margo era una chica muy simpática, pero un día estaba enojada. Estaba enojada porque su novio, Ralph, quería muchas cosas. Le decía a Margo –Quiero un vaso de soda. Quiero un sándwich. Quiero el remoto.— Nunca le decía por favor. Nunca le decía gracias.

Margo estaba con Ralph en el sofá. Ralph le dijo—Margo, quiero un vaso de agua. Ella le dijo—Un momento, por favor. –

El chico se enojó.
--Margo, quiero un vaso de agua.—
--Un momento, Ralph.-- Ralph se enojó mucho.

–*¡Margo! ¡Quiero un vaso de agua AHORA!—le gritó.*

Margo estaba muy muy enojada. Fue a la cocina, Cogió un vaso de agua, y ¡le tiró el agua al chico! Ralph estaba sorprendido.

Ahora Margo estaba feliz. Ralph no le decía nada a Margo si quería agua. Él iba a la cocina y se cogía el agua sólo. Margo no tiraba nada, y por eso Ralph también estaba feliz.

La chica pobre

Hay una chica muy bonita. La chica también es muy pobre. No tiene una casa. La chica quiere una casa, pero no tiene dinero. Por eso, ella siempre duerme en la calle.

Un día, un chico camina en la calle. Ve a la chica y le dice --¿Por qué duermes en la calle?—
La chica le dice –Duermo en la calle porque soy pobre. No tengo una casa.—
El chico le dice –Oh, pobre chica.-- El chico se va (goes away).

El chico camina en la calle otra vez. Ve a la chica otra vez. La chica está mojada.
--¿Por qué estás mojada?—le dice.
–Porque un chico malo me tiró agua. Ahora estoy mojada.--
--Pobre chica—le dice el chico. El chico se va.

El chico camina a la iglesia. Le dice al Padre Bob
–Padre Bob, hay una chica pobre. La chica no tiene una casa. Está mojada. Por favor, la chica necesita una casa.--
Padre Bob le dice
–Hay una casa que se llama Casa María. Es para las chicas pobres.--

El chico le dice –Gracias—y va a buscar a la chica.

El chico busca a la chica. Ella está en la calle. Le dice

—Hay una casa para ti. Se llama –Casa María.

La chica le dice –Gracias—y busca la casa. Ahora la chica vive en Casa María y es muy feliz. Nadie le tira agua, y ella siempre está seca.

La chica pobre (pasado)

Había una chica muy bonita. La chica también era muy pobre. No tenía una casa. La chica quería una casa, pero no tenía dinero. Por eso, ella siempre dormía en la calle.

Un día, un chico caminaba en la calle. Vio a la chica y le dijo —¿Por qué duermes en la calle?—La chica le dijo –Duermo en la calle porque soy pobre. No tengo una casa. El chico le dijo –Oh, pobre chica. — El chico se fue (went away).

El chico caminaba en la calle otra vez. Vio a la chica otra vez. La chica estaba mojada. --¿Por qué estás mojada?—le dijo. –Por qué un chico malo me tiró agua. Ahora estoy mojada.—

—Pobre chica—le dijo el chico. El chico se fue.

El chico caminó a la iglesia. Le dijo al Padre Bob –Padre Bob, hay una chica pobre. La chica no tiene una casa. Está mojada. Por favor, la chica necesita una casa.—

Padre Bob le dijo –Hay una casa que se llama Casa María. Es para las chicas pobres.-- El chico le dijo –Gracias—y fue a buscar a la chica.

El chico buscó a la chica. Ella estaba en la calle. Le dijo—Hay una casa para ti. Se llama Casa María. La chica le dijo –Gracias—y buscó la casa.

Ahora la chica vive en Casa María y es muy feliz. Nadie le tira agua, y ella siempre está seca.

Puggsley y su familia

Una familia quiere un perro. La mamá va
a buscar un perro.   El hijo, Dan, le dice—Mamá,
yo quiero un perro con una voz muy suave.--
La hija, Julie, le dice –Quiero un perro que le
gusta jugar.
La mamá les dice—Muy bien.--

Ella va a la tienda *Perros para todos* para
buscar un perro. Hay muchos perros bonitos en la
tienda. Hay un German Shepherd. La mamá le
dic –¡Ay, qué perro bonito!—Pero el perro le
ladra (bark) y tiene una voz muy fuerte. Hay un
Maltese. Tiene una voz muy suave, pero no
quiere jugar. Mamá busca otro perro y ve un
perro Pug. No es muy grande. Le gusta
jugar. No quiere ladrar. ¡Perfecto! El perro se
llama Puggsley.

Cuando mamá está en la casa otra vez, Julie
quiere jugar con el perro. Dan quiere caminar a la
casa de su amigo con el perro. Toda la familia
está contenta.

Pero la familia no está contenta en la
noche. El perro duerme con Dan, pero Dan le da
el perro a Julie. --¿Por qué no
quieres A Puggsley?—ella le pregunta. Dan no le
dice nada.

Julie está durmiendo cuando--¡qué ruido! (what a racket!) El perro ronca mucho en una voz muy fuerte. Julie le dice --¡Puggsley! y el perro despierta. Pero cuando está durmiendo otra vez (again), ronca otra vez. Pobre Julie.

Julie no está enojada. Puggsley es un Pug, y los Pugs roncan. Ella va a la tienda y busca una solución. Compra tapones para los oídos (earplugs), y ahora (now) Julie está contenta.

Puggsley es un Pug, y los Pugs roncan.

Puggsley y su familia (Pasado)

Una familia quería un perro. La mamá iba
a buscar un perro.   El hijo, Dan, le dijo—Mamá,
yo quiero un perro con una voz muy suave.-- La
hija, Julie, le dijo –Quiero un perro que le gusta
jugar. La mamá les dijo—Muy bien.-- Ella fue a
la tienda *Perros para todos* para buscar un perro.

Había muchos perros bonitos en la
tienda. Había un Pastor Alemán. La Mamá le
dijo –¡Ay, qué perro bonito! Pero el perro le
ladró (barked) y tenía una voz muy fuerte. Había
un Maltés. Tenía una voz muy suave, pero no
quería jugar. Mamá buscó otro perro y vio un
perro Pug. No era muy grande. Le gustaba
jugar. No quería ladrar. ¡Perfecto! El perro se
llamaba Puggsley.

Cuando mamá estaba en la casa otra vez,
Julie quería jugar con el perro.   Dan quería
caminar a la casa de su amigo con el perro. Toda
la familia estaba contenta.

Pero la familia no estaba contenta en la
noche. El perro estaba durmiendo con Dan, pero
Dan le dio el perro a Julie. – ¿Por qué no
quieres a Puggsley?—le preguntó. Dan no le dijo
nada.

Julie estaba durmiendo cuando--¡qué ruido! (what a racket!) El perro roncaba mucho en una voz muy fuerte. Julie le dijo —¡Puggsley! y el perro despertó. Pero cuando estaba durmiendo otra vez (again), roncó otra vez. Pobre Julie.

Julie no estaba enojada. Puggsley era un Pug, y los Pugs roncan. Ella fue a la tienda y buscó una solución. Compró tapones para los oídos (earplugs), y ahora (now) Julie estaba contenta.

Puggsley era un Pug, y los Pugs roncan

Hansel y Gretel

Hay unos hermanos que se llaman Hansel y Gretel. Ellos tienen padres muy pobres. Un día, el papá agarra A cada niño por la mano y les dice —Vamos a caminar al bosque (forest).—

Los hermanos y su papá caminan y caminan. Luego los niños quieren comer. El papá les da pan. Luego los niños quieren dormir. Mientras los hermanos están dormidos, ¡el papá regresa a su casa!

Hansel se despierta y ve que su papá no estaba. Despierta a su hermana y le agarra la mano. La lleva a una casa muy bonita. La casa está hecha (is made) de ¡*puro chocolate!* Hansel le da un poco del chocolate a su hermana, y entonces escucha algo curioso. Una persona está hablando--¡y es una bruja! La bruja agarra a los chicos y los lleva adentro (inside) de la casa. Les dice—Ustedes comen mi casa, y ahora ¡voy a comer a ustedes! La bruja los pone en una jaula (cage) y se va.

Hansel y Gretel están tristes. Pero muy pronto Gretel tiene una idea. —Hansel, ¡podemos salir de aquí!—

Ella busca un hueso (bone), y cuando lo encuentra, usa un cuchillo (knife) en su falda (skirt) para hacer del hueso una llave (key). Con la llave, los hermanos se escapan. Luego buscan una casa. Hay otra bruja, una bruja buena. Les da una casa bonita. Los hermanos están muy contentos.

La lleva a una casa de puro chocolate

Hansel y Gretel (pasado)

Había unos hermanos que se llamaban Hansel y Gretel. Ellos tenían padres muy pobres. Un día, el papá agarró a cada niño por la mano y les dijo – Vamos a caminar al bosque (forest). Los hermanos y su papá caminaron y caminaron. Luego los niños querían comer. El papá les dio pan. Luego los niños querían dormir. Mientras los hermanos estaban dormidos, ¡el papá regresó a su casa!

Hansel se despertó y vio que su papá no estaba. Despertó a su hermana y le agarró la mano. La llevó a una casa muy bonita. La casa estaba hecha (was made) de *¡puro chocolate!* Hansel le dio un poco del chocolate a su hermana, y entonces escuchó algo curioso. Una persona estaba hablando--¡y era una bruja! La bruja agarró a los chicos y los llevó adentro (inside) de la casa. Les dijo— Ustedes comieron mi casa, y ahora ¡voy a comer a ustedes! La bruja los puso en una jaula (cage) y se fue.

Hansel y Gretel estaban tristes. Pero muy pronto, Gretel tuvo una idea. –Hansel, ¡podemos salir de aquí! Ella buscó un hueso (bone), y cuando lo encontró, usó un cuchillo (knife) en su falda (skirt) para hacer del hueso una llave (key). Con la llave, los hermanos se escaparon. Luego buscaron una casa. Había otra bruja, una bruja buena. Les dio una casa bonita. Los hermanos estaban muy contentos.

La llevó a una casa de puro chocolate

Capítulo Tres

El gato misterioso

Hannah está en su dormitorio con un libro. Escucha algo. ¿Qué es? ¿Un gato? Ella abre la puerta y empieza a buscar el gato.

Hannah busca el gato en la sala. El gato no está. La ventana está abierta, así que Hannah cierra la ventana. Le dice --¡Gatito! ¿Dónde estás?

Hannah oye un miau en la cocina. --Gato, ¿estás en la cocina?-- Otro miau, esta vez en el garaje. Ella cierra la puerta de la cocina y abre la puerta del garaje. --Gato, ¿dónde estás?-- ella pregunta. El gato no le responde. Ella va al garaje, cierra la puerta, y busca el gato.

Hannah oye otro miau en la casa. Trata de abrir la puerta, ¡pero la puerta no abre! ¡No puede escapar del garaje! Ella empieza a gritar – ¡Ayúdame, por favor, ayúdame! Nadie viene porque nadie está en la casa.

Mucho tiempo pasa. Hannah está muy enojada y nerviosa. No puede escapar y no tiene ni un libro ni su I-phone. Cuando los padres entran al garaje en su carro, ella está dormida en el piso.

El papá le dice a la mamá --¿Quién está en el piso?-- No puede verla (he can't see her) bien porque está oscuro (dark). Va a la chica, la encuentra y le dice --¿Hannah? Ella se despierta y grita --¡Papá! Busco un gato en la casa, y cuando entro al garaje, no puedo escapar.—

La familia entra en la casa. Una ventana está abierta. No hay ni televisor, ni computadora, ni Playstation –¡un ladrón se los robó! Cuando la policía viene, un policía le pregunta a Hannah --¿Oíste (Did you hear) un gato?-- --¡Sí!—grita Hannah. ¿Es importante?—

El policía le dice –Hay un ladrón que roba muchas casas aquí en Aiken. Tiene un amigo que puede hacer miau como un gato. Tú eres otra víctima del ladrón.-- ¡Pobre Hannah!

El gato misterioso

Hannah estaba en su dormitorio con un libro. Escuchó algo. ¿Qué era? ¿Un gato? Ella abrió la puerta y empezó a buscar el gato.

Hannah buscó el gato en la sala. El gato no estaba. La ventana estaba abierta, así que Hannah cerró la ventana. Le dijo --¡Gatito! ¿Dónde estás?

Hannah oyó un miau en la cocina. --Gato, ¿estás en la cocina?-- Otro miau, esta vez en el garaje. Ella cerró la puerta de la cocina y abrió la puerta del garaje. --Gato, ¿dónde estás?-- ella preguntó. El gato no le respondió. Ella fue al garaje, cerró la puerta, y buscó el gato.

Hannah oyó otro miau en la casa. Trató de abrir la puerta, ¡pero la puerta no abrió! ¡No pudo escapar del garaje! Ella empezó a gritar – ¡Ayúdame, por favor, ayúdame! Nadie vino porque nadie estaba en la casa.

Mucho tiempo pasó. Hannah estaba muy enojada y nerviosa. No podía escapar y no tenía un libro ni su I-phone. Cuando los padres entraron al garaje en su carro, ella estaba dormida en el piso.

El papá le dijo a la mamá --¿Quién está en el piso?-- No podía verla (he couldn't see her) bien porque estaba oscuro (dark). Fue a la chica, la encontró y le dijo --¿Hannah? Ella se despertó y gritó --¡Papá! Buscaba un gato en la casa, y cuando entré al garaje, no pude escapar.—

La familia entró en la casa. Una ventana estaba abierta. No había ni televisor, ni computadora, ni Playstation--¡un ladrón los robó! Cuando la policía vino, un policía le preguntó a Hannah --¿Oíste un gato?-- --¡Sí!—gritó Hannah. ¿Es importante?—

El policía le dijo –Hay un ladrón que roba muchas casas aquí en Aiken. Tiene un amigo que puede hacer miau como un gato. Tú eres otra víctima del ladrón.-- ¡Pobre Hannah!

La casa espantada

Hay un chico que quiere pasar la noche en una casa espantada. Él va a la casa y se sienta en una silla. No hay nadie.

El chico está sentado por quince minutos, y de repente un gato grande viene. El gato es tan grande como un perro. Él se sienta con el chico. Tiene ojos grandotes y verdes. No le dice nada.

El chico y el gato están sentados por quince minutos. Luego, alguien toca la puerta. La puerta esta cerrada, así que el gato se levanta, va a la puerta y la abre con su cola. Entra otro gato, aún más grande que el grande con los ojos verdes. El gato es tan grande como un caballo. Tiene ojos azules. El chico mira la puerta, pero está cerrada de nuevo.

De repente, el gato grande le habla al otro gato. --¿Cuándo vamos a comer?-- El otro gato le responde—Martin no está. Comemos cuando esté.—

Los dos gatos se sientan con el chico. No dicen nada, sólo lo miran con los ojos grandes. Luego, un grito: ¡Aquí estoy! El gato corre a la puerta cerrada y la abre. Un gato enorme entra. Es tan grande como un elefante y tiene ojos negros. Se sienta con sus amigos y con el chico.

Nadie le dice nada por unos minutos. Luego el gato nuevo le dice--¿Cuándo comemos? ¡Tengo hambre!-- Todos los gatos miran al chico. — Martin no está.—

De repente, el chico se levanta y corre a la puerta. La abre y les dice a los gatos –Lo siento. No puedo esperar más. ¡Adiós!—

El chico nunca regresa a una casa espantada.

La casa espantada (pasado)

Había un chico que quería pasar la noche en una casa espantada. Él fue a la casa y se sentó en una silla. No había nadie.

El chico estaba sentado por quince minutos, y de repente un gato grande vino. El gato era tan grande como un perro. Él se sentó con el chico. Tenía ojos grandotes y verdes. No le dijo nada.

El chico y el gato estaban sentados por quince minutos. Luego, alguien tocó la puerta. La puerta estaba cerrada, así que el gato se levantó, fue a la puerta y la abrió con su cola. Entró otro gato, aún más grande que el grande con los ojos verdes. El gato era tan grande como un caballo. Tenía ojos azules. El chico miró la puerta, pero estaba cerrada de nuevo.

De repente, el gato grande habló al otro gato. --¿Cuándo vamos a comer?-- El otro gato le respondió—Martin no está. Comemos cuando esté.—

Los dos gatos se sentaron con el chico. No dijeron nada, sólo lo miraron con los ojos grandes. Luego, un grito: ¡Aquí estoy! El gato corrió a la puerta cerrada y la abrió. Un gato enorme entró. Era tan grande como un elefante y tenía ojos negros. Se sentó con sus amigos y con el chico.

Nadie le dijo nada por unos minutos. Luego el gato nuevo le dijo--¿Cuándo comemos? ¡Tengo hambre!-- Todos los gatos miraron al chico. –Martin no está.—

De repente, el chico se levantó y corrió a la puerta. La abrió y les dijo a los gatos –Lo siento. No puedo esperar más. ¡Adiós!—

El chico nunca regresó a una casa espantada.

El libro de Juan

Juanito busca su libro. Es un libro muy importante, y lo necesita para la escuela. El chico camina hacia el dormitorio de su hermana y le dice

--Ester, ¿Dónde está mi libro?—

Ester le responde –No sé yo. Es tu libro. Busca tu libro en tu dormitorio. —

Juanito sale del dormitorio de su hermana y camina al dormitorio de su mamá.

--Mamá, ¿Dónde está mi libro?—

--¿Qué libro?—

--Mi libro de ciencias.—

--¿Está delante de la mesa?—

Juanito camina al comedor y busca su libro delante de la mesa. Hay un libro, pero es el libro de matemáticas de Ester.

Juanito camina al dormitorio de su mamá otra vez. Grita –Mamá, mi libro no está. ¿Dónde está mi libro de ciencias?—

Mamá le dice—Hay un libro grande y verde debajo de tu cama. ¿Es el libro de ciencias?—

Juanito le dijo –No sé. Voy a ver.—

Juanito regresa a su dormitorio. Su cama está en un rincón del dormitorio. Cuando Juanito busca debajo de la cama, ve ¡un ratón! Se enferma y casi vomita. --¡Mamá! ¡Hay un ratón debajo de mi cama!

La mamá corre al dormitorio y busca el ratón. Ella se ríe. ¡Chico tonto! ¡Es el juguete del gato!-- Pone la mano hacia el rincón dónde está el ratón, pero cuando toca el juguete, ¡se mueve! No es juguete— ¡es un ratón! Mamá se asusta y grita --¡Ay Caray!— La mamá también se enferma, y sí vomita. Juanito nunca encuentra su libro.

Cuando Juanito busca debajo de la cama, ve ¡un ratón!

El libro de Juan (pasado)

Juanito buscaba su libro. Era un libro muy importante, y lo necesitaba para la escuela. El chico caminó hacia el dormitorio de su hermana y le dijo

--Ester, ¿Dónde está mi libro?—
Ester le respondió –No sé yo. Es tu libro. Busca tu libro en tu dormitorio. —

Juanito salió del dormitorio de su hermana y caminó al dormitorio de su mamá.

--Mamá, ¿Dónde está mi libro?—

--¿Qué libro?—

--Mi libro de ciencias.—

--¿Está delante de la mesa?—

Juanito caminó al comedor y buscó su libro delante de la mesa. Había un libro, pero era el libro de matemáticas de Ester.

Juanito caminó al dormitorio de mamá otra vez. Gritó –Mamá, mi libro no estaba. ¿Dónde está mi libro de las ciencias?—

Mamá le dijo—Hay un libro grande y verde debajo de tu cama. ¿Es el libro de ciencias?—
Juanito le dijo –No sé. Voy a ver.—

Juanito regresó a su dormitorio. Su cama estaba en un rincón del dormitorio. Cuando Juanito buscó debajo de la cama, vio ¡un ratón! Se enfermó y casi vomitó. --¡Mamá! ¡Hay un ratón debajo de mi cama!

La mamá corrió al dormitorio y buscó el ratón. Ella se rio. ¡Chico tonto! ¡Es el juguete del gato!-- Puso la mano hacia el rincón dónde estaba el ratón, pero cuando tocó el juguete, ¡se movió! No era juguete— ¡era un ratón! Mamá se asustó y gritó --¡Ay Caray!— La mamá también se enfermó, y sí vomitó. Juanito nunca encontró su libro.

Cuando Juanito buscó debajo de la cama, vio ¡un ratón!

El dormitorio de Kimmie

Mamá está enojada. Hay muchos animalitos de peluche en el dormitorio de Kimmie, y todos están en el piso.
--¡Kimmie!-- grita mamá. --¡Recoge tus animalitos!

Kimmie va a su dormitorio. Mira el piso. Hay un león y detrás del león, hay un tigre. Entre el tigre y la pared (the wall) hay muchos otros animalitos. Kimmie no quiere limpiar el dormitorio. Así que recoge el león, el tigre, y cinco de los otros animales y los pone en su caja (box). Ella cubre el resto de los animales con una cobija (blanket).

Mamá viene al dormitorio y lo mira.
--Kimmie, tu dormitorio está muy limpio. Pero ¿por qué está en el piso tu cobija?—
--Me gusta así—le dice Kimmie.

Mamá recoge la cobija y ve un montón de animales. Se enoja con Kimmie. Recoge cada animalito y ¡los da a la tienda Goodwill! Ahora Kimmie no necesita limpiar mucho en su dormitorio—solo tiene siete animalitos. Kimmie está triste. Pero recoge cada animal y lo pone en su caja. El dormitorio de Kimmie está muy limpio ahora.

El dormitorio de Kimmie (pasado)

Mamá estaba enojada. Había muchos animalitos de peluche en el dormitorio de Kimmie, y todos estaban en el piso.

--¡Kimmie!-- gritó mamá. --¡Recoge tus animalitos!

Kimmie fue a su dormitorio. Miró el piso. Había un león y detrás del león, había un tigre. Entre el tigre y la pared (the wall) había muchos otros animalitos. Kimmie no quería limpiar el dormitorio. Así que recogió el león, el tigre, y cinco de los otros animales y los puso en su caja (box). Ella cubrió el resto de los animales con una cobija (blanket).

Mamá vino al dormitorio y lo miró.

--Kimmie, tu dormitorio está muy limpio. Pero ¿por qué está en el piso tu cobija?—

--Me gusta así—le dijo Kimmie.

Mamá recogió la cobija y vio un montón de animales. Se enojó mucho con Kimmie. Recogió cada animalito y ¡los dio a la tienda Goodwill! Ahora Kimmie no necesita limpiar mucho en su dormitorio—solo tiene siete animalitos. Kimmie está triste. Pero recoge cada animal y lo pone en su caja. El dormitorio de Kimmie está muy limpio ahora.

Capítulo 4

Thalia va de compras

Thalia quiere un vestido nuevo. Anda a la tienda Macy's porque hay un vestido muy bonito que quiere comprar. El vestido es largo y azul, y es el vestido más bonito en la tienda. Cuesta $500, pero su papá le ha dicho (has told her) que ella puede usar su tarjeta de crédito para pagarlo.

Cuando Thalia entra en la tienda, ¡hay tantos vestidos bonitos! Pero Thalia no se pone ningún otro vestido—quiere el vestido azul y largo. Por fin ella ve el vestido y se lo pone. ¡Perfecto! Ella busca un dependiente y le dice que quiere comprar el vestido.

Cuando el dependiente ve el vestido, le dice
--Oh, ¡qué bonito! ¿Ud. tiene zapatos azules?—
Thalia le dice –No, los necesito.—
El dependiente le dice –Tenemos los zapatos perfectos en la sección de zapatos.—

Thalia busca unos zapatos azules, y los encuentra. Decide comprarlos también. El dependiente le dice

–¿Tiene ropa interior Ud.? El vestido es tan elegante que necesita comprar ropa interior elegante, también.—

Thalia piensa –¡El dependiente tiene razón!-- Ella busca ropa interior elegante. También compra unas medias muy elegantes.

Por fin Thalia está lista. Ella compra el vestido, los zapatos, las medias, y la ropa interior. Pero cuando paga la cuenta, el dependiente viene a ella. No tiene una sonrisa.

--Señorita, ¡no tiene bastante dinero!-- El dependiente recoge el vestido, las medias, la ropa interior, y los zapatos y los lleva a su oficina. ¡Pobre Thalia no compra nada!

Thalia va de compras
(pasado)

Thalia quería un vestido nuevo. Anduvo a la tienda Macy's porque había un vestido muy bonito que quería comprar. El vestido era largo y azul, y era el vestido más bonito que Thalia había visto (had seen). Costaba $500, pero su papá le había dicho (had told her) que ella podía usar su tarjeta de crédito para pagarlo.

Cuando Thalia entró en la tienda, ¡había tantos vestidos bonitos! Pero Thalia no se puso ningún otro vestido—quería el vestido azul y largo. Por fin ella vio el vestido y se lo puso. ¡Perfecto! Ella buscó un dependiente y le dijo que quería comprar el vestido.

Cuando el dependiente vio el vestido, le dijo
--Oh, ¡qué bonito! ¿Ud. tiene zapatos azules?—
Thalia le dijo –No, los necesito.—
El dependiente le dijo –Tenemos los zapatos perfectos en la sección de zapatos.—

Thalia buscó unos zapatos azules, y los encontró. Decidió comprarlos también. El dependiente le dijo
–¿Tiene ropa interior Ud.? El vestido es tan elegante que necesita comprar ropa interior elegante, también. —

Thalia pensó –¡El dependiente tiene razón!-- Ella buscó ropa interior elegante. También compró unas medias muy elegantes.

Por fin Thalia estaba lista. Ella empezó a comprar el vestido, los zapatos, las medias, y la ropa interior. Pero cuando fue a pagar la cuenta, el dependiente vino a ella. No tenía una sonrisa.

--Señorita, ¡no tiene bastante dinero!-- El dependiente recogió el vestido, las medias, la ropa interior, y los zapatos y los llevó a su oficina. ¡Pobre Thalia no compró nada!

Madeleine compra un vestido

Madeleine mira en su closet. –¡Necesito ropa nueva, Mamá! ¡No me gusta mi ropa!--
--Está bien, Madeleine. Puedes comprar ropa nueva. ¿Qué quieres comprar?—
--Necesito un vestido nuevo, Mamá. No tengo vestidos bonitos.—
--Madeleine, tienes treinta y tres vestidos. ¿Estás segura que no tienes un vestido bonito?—
Madeleine está segura, y ella se pone el abrigo (coat) y va a la tienda de ropa.

En la sección de vestidos, hay muchos vestidos. Ella se prueba muchos vestidos, pero a ella no le gustan. Si no es el estilo, es el color. Si no es el color, es el collar. Madeleine está frustrada. Cada vez que ella se quita un vestido, grita --¡Qué horrible!—

Después de (after) treinta minutos, una dependienta viene a la chica. –Necesitas un vestido, ¿sí?—
--Sí,--le dice Madeleine.
--Tengo uno aquí que es súpermagnífico. ¡Míralo!—
Madeleine lo mira y le dice a la dependienta--¡Qué bonito! ¡Me gusta muchísimo!—

Madeleine se lo prueba y le gusta el vestido. Se lo quita y paga por el vestido. Está muy contenta.

Cuando Madeleine regresa a casa, Mamá está en la sala. Ella le dice--¿Compraste (did you buy) un vestido?—

--¡Sí, Mamá!-- Ella va a su dormitorio y se pone el vestido. Regresa a la sala y le dice –¿Te gusta, Mamá?—

Mamá empieza a reírse. Sí, Niña. Me gusta cada vez que lo compras. ¡Tú tienes doce vestidos iguales en tu clóset!—
Madeleine le dice –¡No!—y corre a su clóset. Mamá tiene razón (is right). Ella tiene doce vestidos iguales en su dormitorio. Y ahora— trece.

Madeleine regresa a su mamá y le dice—No importa, Mamá. Puedo dar unos a Casa Maria y otros a Primavera. Otras chicas pueden tener vestidos bonitos también. Ella les da once vestidos a los refugios (shelters), y a todos les gustan mucho. Madeleine está muy contenta.

Madeleine compra un vestido
(pasado)

Madeleine miró en su closet. −¡Necesito ropa nueva, Mamá! ¡No me gusta mi ropa!
--Está bien, Madeleine. Puedes comprar ropa nueva. ¿Qué quieres comprar?—
--Necesito un vestido nuevo, Mamá. No tengo vestidos bonitos.—
--Madeleine, tienes treinta y tres vestidos. ¿Estás segura que no tienes un vestido bonito?—
Madeleine estaba segura, y ella se puso el abrigo (coat) y fue a la tienda de ropa.

En la sección de vestidos, había muchos vestidos. Ella se probó muchos vestidos, pero a ella no le gustaron. Si no era el estilo, era el color. Si no era el color, era el collar. Madeleine estaba frustrada. Cada vez que ella se quitó un vestido, gritó --¡Qué horrible!—

Después de (after) treinta minutos, una dependienta vino a la chica. −Necesitas un vestido, ¿sí?—
--Sí,--le dijo Madeleine.
--Tengo uno aquí que es súpermagnífico. ¡Míralo!—
Madeleine lo miró y le dijo a la dependienta--¡Qué bonito! ¡Me gusta muchísimo!—

Madeleine se lo probó y le gustó el vestido. Se lo quitó y pagó por el vestido. Estaba muy contenta.

Cuando Madeleine regresó a casa, Mamá estaba en la sala. Ella le dijo--¿Compraste un vestido?--

--¡Sí, Mamá!-- Ella fue a su dormitorio y se puso el vestido. Regresó a la sala y le dijo –¿Te gusta, Mamá?—

Mamá empezó a reírse. Sí, Niña. Me gusta cada vez que lo compras. ¡Tú tienes doce vestidos iguales en tu clóset!—

Madeleine le dijo –¡No!—y corrió a su clóset. Mamá tenía razón (was right). Ella tenía doce vestidos iguales en su dormitorio. Y ahora— trece.

Madeleine regresó a su mamá y le dijo—No importa, Mamá. Puedo dar unos a Casa Maria y otros a Primavera. Otras chicas pueden tener vestidos bonitos también. Ella les dio once vestidos a los refugios (shelters), y a todos les gustaron mucho. Madeleine estaba muy contenta.

El traje perfecto

Mark está emocionado. Va a su primer Prom con la chica más hermosa en toda la escuela. Se llama Jennifer. Mark quiere un traje muy hermoso porque quiere impresionar a Jennifer. Por eso, Mark va a la tienda Ralph Lauren para comprar un traje muy hermoso.

Cuando Mark entra por la puerta, ve muchos trajes. Hay trajes blancos, trajes negros, trajes cafés, trajes azules—muchísimos trajes. Mark no sabe cuál traje que comprar, así que busca un dependiente.

Hay muchos dependientes en la tienda, pero todos ayudan a los otros chicos. Pero después de un rato (after a while), Mark encuentra a un dependiente que no ayuda a nadie. Mark le pide ayuda al dependiente, y el dependiente lo ayuda.

Mark quiere un traje hermoso, y el dependiente le dice que el traje más hermoso en la sección de trajes es un traje anaranjado y morado. Cuando se prueba el traje, Mark le dice – No es hermoso. ¡El traje es muy feo!— El dependiente le dice –Me dices que es feo, pero es porque tú eres chico. A las chicas les gusta mucho. Él llama a una dependienta –¡Mariana! ¿Te gusta el traje?— Mariana le dice –¡Sí! ¡Es muy hermoso!—

Mark cree (thinks) que la chica es muy bonita, y él decide comprar el traje. Él regresa a su casa, se pone el traje y luego va a la casa de su amiga Jennifer.

Cuando Mark entra por la puerta de Jennifer, la chica ¡casi vomita! --Mark, ¡el traje es horrible! No voy al prom contigo. ¡Vete de aquí! (Get out of here) Pobre Mark regresa a la casa.

En la tienda Ralph Lauren, el dependiente le dice –¡Muchísimas gracias!— a Mariana. –El chico tonto sí compró (bought) el traje feísimo. ¡Me ayudaste (helped) mucho!—El dependiente le da diez dólares a la chica por su ayuda. ¡Qué malos dependientes!

El traje perfecto (pasado)

Mark estaba emocionado. Iba a su primer Prom, con la chica más hermosa en toda la escuela. Se llamaba Jennifer. Mark quería un traje muy hermoso porque quería impresionar a Jennifer. Por eso, Mark fue a la tienda Ralph Lauren para comprar un traje muy hermoso.

Cuando Mark entró por la puerta, vio muchos trajes. Había trajes blancos, trajes negros, trajes cafés, trajes azules—muchísimos trajes. Mark no sabía cuál traje que comprar, así que buscó un dependiente.

Había muchos dependientes en la tienda, pero todos ayudaban a los otros chicos. Pero después de un rato (after a while), Mark encontró a un dependiente que no ayudaba a nadie. Mark le pidió ayuda al dependiente, y el dependiente lo ayudó.

Mark quería un traje hermoso, y el dependiente le dijo que el traje más hermoso en la sección de trajes era un traje anaranjado y morado. Cuando se probó el traje, Mark le dijo – No es hermoso.
¡El traje es muy feo!— El dependiente le dijo – Me dices que es feo, pero es porque tú eres chico. A las chicas les gusta mucho. Él llamó a una dependienta –¡Mariana! ¿Te gusta el traje?—

Mariana le dijo –¡Sí! ¡Es muy hermoso!—

Mark creyó (thought) que la chica era muy bonita, y él decidió comprar el traje. Él regresó a su casa, se puso el traje y luego fue a la casa de su amiga Jennifer.

Cuando Mark entró por la puerta de Jennifer, la chica ¡casi vomitó! --Mark, ¡el traje es horrible! No voy al prom contigo. ¡Vete de aquí! (Get out of here) Pobre Mark regresó a la casa.

En la tienda Ralph Lauren, el dependiente le dijo –¡Muchísimas gracias!— a Mariana. –El chico tonto sí compró el traje feísimo. ¡Me ayudaste mucho!—El dependiente le dio diez dólares a la chica por su ayuda. ¡Qué malos dependientes!

Capitulo Cinco
Gastando el dinero

Después de las vacaciones, a Julie le queda solo un billete de cinco dólares. Con parte del dinero, Julie compra un boleto de la lotería. El próximo día, compra un periódico y empieza a leer. Los números de la lotería son 15, 32, 5, 26, y 9. Mira su boleto. Sus números son 15, 32, 7, 9, y 18. Tiene tres de los números. ¡Gana la lotería! No gana todo el dinero, pero gana algo.

Julie va a la oficina de la lotería y recoge su dinero. ¡Gana cien dólares! Ella está muy feliz y muy emocionada. Quiere gastar el dinero. Primero va a la tienda Abercrombie y compra unos pantalones bonitos. Después de pagar la cuenta (bill), le quedan treinta dólares.

Julie gasta su dinero, y está contenta. La próxima tienda es Forever 21. Compra una blusa. Después de pagar la cuenta, le quedan diez dólares. Entonces Julie tiene hambre y decide comer una hamburguesa con queso en Smashburger.

En Smashburger, Julie pide una hamburguesa con queso, papas fritas, y una soda. La cuenta es $9.25. ¡A ella le quedan solo setenta y cinco centavos! No importa. Tiene una blusa bonita, unos pantalones elegantes, y ahora no tiene hambre. Julie regresa a casa muy feliz.

Gastando el dinero

Después de las vacaciones, a Julie le quedaba solo un billete de cinco dólares. Con parte del dinero, Julie compró un boleto de la lotería. El próximo día, compró un periódico y empezó a leer. Los números de la lotería eran 15, 32, 5, 26, y 9. Miró su boleto. Sus números eran 15, 32, 7, 9, y 18. Tenía tres de los números. ¡Ganó la lotería! No ganó todo el dinero, pero ganó algo.

Julie fue a la oficina de la lotería y recogió su dinero. ¡Ganó cien dólares! Ella estaba muy feliz y muy emocionada. Quería gastar el dinero. Primero fue a la tienda Abercrombie y compró unos pantalones bonitos. Después de pagar la cuenta (bill), le quedaban treinta dólares.

Julie gastaba su dinero, y estaba contenta. La próxima tienda era Forever 21. Compró una blusa. Después de pagar la cuenta le quedaban diez dólares. Entonces Julie tenía hambre y decidió comer una hamburguesa con queso en Smashburger.

En Smashburger, Julie pidió una hamburguesa con queso, papas fritas, y una soda. La cuenta era $9.25. ¡A ella le quedaban solo setenta y cinco centavos! No importaba. Tenía una blusa bonita, unos pantalones elegantes, y ahora no tenía hambre. Julie regresó a casa muy contenta.

Carlos lee un libro

Carlos no quiere leer. No le gustan ni los libros ni los periódicos ni las revistas. Le gusta jugar fútbol, pero no quiere leer del fútbol.

Un día, el papá de Carlos, desesperado, le dice
—Carlos, lee un libro. Te pago diez dólares si lees un libro. Te compro el libro, también.--
¡Diez dólares por leer un libro! ¿Es un error? No, el papá tiene el dinero en una mano y las llaves en la otra. Los dos van a la librería Barnes y Noble y Carlos compra un libro sobre (about) fútbol. Es un libro que tiene muchas pistas (clues) sobre cómo jugar bien el fútbol.

Carlos lee el libró y recibe el dinero de su papá. Entonces va a la tienda y busca una revista sobre el fútbol. El papá no la compra—Carlos la compra con el dinero que recibe de su papá. La revista—El mundo de fútbol—es muy famosa y tiene muchos artículos interesantes. Un artículo es de un equipo que se llama "Manchester United".
Un día, Carlos camina en la calle cuando ve un periódico. No está todo, solo parte de la sección de deportes. ¡Hay un artículo de Manchester United! Carlos va a la tienda y compra un periódico. Lee la sección de deportes y le gusta mucho. Ahora Carlos lee muchos libros de fútbol,

y tiene una suscripción para "El mundo de fútbol". Está muy contento.

Carlos lee un libro sobre el fútbol.

Carlos lee un libro (pasado)

Carlos no quería leer. No le gustaban ni los libros ni los periódicos ni las revistas. Le gustaba jugar fútbol, pero no quería leer del fútbol.

Un día, el papá de Carlos, desesperado, le dijo –Carlos, lee un libro. Te pago diez dólares si lees un libro. Te compro el libro, también.-- ¡Diez dólares por leer un libro! ¿Era un error? No, el papá tenía el dinero en una mano y las llaves en la otra. Los dos fueron a la librería Barnes y Noble y Carlos compró un libro sobre el fútbol. Era un libro que tenía muchas pistas (clues) sobre cómo jugar bien el fútbol.

Carlos leyó el libró y recibió el dinero de su papá. Entonces fue a la tienda y buscó una revista sobre el fútbol. El papá no la compró— Carlos la compró con el dinero que recibió de su papá. La revista—El mundo de fútbol—era muy famosa y tenía muchos artículos interesantes. Un artículo era de un equipo que se llamaba "Manchester United".

Un día, Carlos caminaba en la calle cuando vio un periódico. No estaba todo, solo parte de la sección de deportes. ¡Había un artículo de Manchester United! Carlos fue a la tienda y compró un periódico. Leyó la sección de deportes y le gustó mucho. Ahora Carlos leía

---

muchos libros de fútbol, y tenía una suscripción para "El mundo de fútbol". Estaba muy contento.

Carlos leyó un libro sobre el fútbol.

Tammy tiene hambre

Tammy tiene mucha hambre. Va al comedor y busca algo para comer. En todo el comedor hay solo un plátano. Y no es un plátano grande—es muy pequeño. Tammy agarra el plátano y lo corta con un cuchillo. Lo pone en el tazón y lo come.

Pobre Tammy todavía tiene mucha hambre. No hay más comida en el comedor. ¿Qué puede comer? Ella entra en su dormitorio. Busca y busca y por fin descubre un pedazo de papel. No es mucho, pero ella tiene muchísima hambre y lo come.

Tammy ya está muy frustrada. Comió el plátano y el papel y todavía tiene hambre. ¿Qué puede hacer? ¡El perro! Corre al tazón del perro. Hay comida del perro. No le gusta, pero la come.

En quince minutos viene la mamá de Tammy.
 –Tammy, ¿dónde estás? Tengo la cena—¡pollo de KFC! Tammy le dice que no quiere comer porque no tiene hambre. Pobre Tammy. Ella necesita tener paciencia.

Tammy tiene hambre (pasado)

Tammy tenía mucha hambre. Fue al comedor y buscó algo para comer. En todo el comedor había solo un plátano. Y no era un plátano grande—era muy pequeño. Tammy agarró el plátano y lo cortó con un cuchillo. Lo puso en el tazón y lo comió.

Pobre Tammy todavía tenía mucha hambre. No había más comida en el comedor. ¿Qué podía comer? Ella entró en su dormitorio. Buscó y buscó y por fin descubrió un pedazo de papel. No fue mucho, pero ella tenía muchísima hambre y lo comió.

Tammy ya estaba muy frustrada. Comió el plátano y el papel y todavía tenía hambre. ¿Qué podía hacer? ¡El perro! Corrió al tazón del perro. Había comida del perro. No le gustaba, pero la comió.

En quince minutos vino la mamá de Tammy. —Tammy, ¿dónde estás? Tengo la cena—¡pollo de KFC! Tammy le dijo que no quería comer porque no tenía hambre. Pobre Tammy. Ella necesitaba tener paciencia.

Carlitos, ¡Lávate!

Carlitos se sienta en la mesa con Mamá y Papá.
Tiene hambre, y agarra el tenedor. En el plato
hay su comida favorita--¡espaguetis con pan de
ajo y brócoli! Mamá ya puso la comida en el
plato, y Carlitos empieza a comer.

Mamá le dice –Carlitos, —¿Está limpia la
cara?—
Carlitos le dice que su cara está limpia, pero
mamá le dice –Carlitos, ¡lávate la cara!
Carlitos pone su tenedor encima del plato y va al
baño y se lava la cara.

Cuando Carlos regresa del baño, agarra su tenedor
para comer. Pero no puede hacerlo. Mamá le
dice –Carlitos, ¿están limpios los brazos?—
¿Los brazos? Carlitos le dice que sí, pero Mamá
le dice –Carlitos, ¡lávate los brazos!

Pobre Carlitos. Va al baño otra vez y se lava los
brazos. Regresa a la mesa, agarra su tenedor, y
empieza a comer cuando Mamá le dice –Carlitos,
¿está limpio el pecho?
¡El pecho! ¿Por qué? ¡Nadie come con el pecho!
Pero Carlitos tiene que ir al baño otra vez. Se
lava el pecho y regresa a la mesa. Entonces, por
fin, la familia de changos empiezan a comer.

Carlitos, ¡Lávate! (Pasado)

—

Carlitos se sentó en la mesa con Mamá y Papá.
Tenía hambre, y agarró el tenedor. En el plato
había su comida favorita--¡espaguetis con pan de
ajo y brócoli! Mamá ya puso la comida en el
plato, y Carlitos empezó a comer.

Mamá le dijo –Carlitos, ¿Está limpia la cara?
Carlitos le dijo que su cara estaba limpia, pero
mamá le dijo –Carlitos, ¡lávate la cara!
Carlitos puso su tenedor encima del plato y fue al
baño y se lavó la cara.

Cuando Carlos regresó del baño, agarró su
tenedor para comer. Pero no pudo hacerlo.
Mamá le dijo –Carlitos, ¿están limpios los
brazos?—
¿Los brazos? Carlitos le dijo que sí, pero Mamá
le dijo –Carlitos, ¡lávate los brazos!

Pobre Carlitos. Fue al baño otra vez y se lavó los
brazos. Regresó a la mesa, agarró su tenedor, y
empezaba a comer cuando Mamá le dijo –
Carlitos, ¿está limpio el pecho?

¡El pecho! ¿Por qué? ¡Nadie come con el pecho!
Pero Carlitos tenía que ir al baño otra vez. Se
lavó el pecho y regresó a la mesa. Entonces, por
fin, la familia de changos empezaron a comer.

Jaime y el helado

Jaime tiene hambre. ¿Qué quiere comer? Decide que quiere comer helado. Jaime saca un tazón y una cuchara y va al refri. Hay muchas cosas en el refri, pero ¿Dónde está el helado? Busca y busca y por fin encuentra el helado. Saca el helado y va a la mesa para prepararlo. Busca su cuchara y el tazón y ¡no están! ¿Dónde están el tazón y la cuchara? Jaime recuerda. Va al refri y saca la cuchara y el tazón y los pone con el helado.

Usando la cuchara, Jaime pone el helado en el tazón y empieza a comer. No pone el helado en el refri. Cuando Jaime termina de comer helado, no pone el helado en el refri. Va a la sala y mira la tele.

El hermanito de Jaime, el niño Raúl, entra en la cocina y ve el helado en la mesa. Abre el helado y mete la mano. Lo prueba y le gusta. Mete las dos manos en el helado y se embarra la cara, las manos, y se embarra el helado por todas partes. Le gusta muchísimo.

Cuando la mamá de Jaime entra en la casa, ella grita –¡Jaime! ¡Ven acá! Jaime corre a su mamá. ¡O no! Hay helado en el sofá, en las sillas, en el perro, en el gato, y ¡aún (even) en los libros! Raúl está en el sofá cubierto (covered) de helado. Come el helado y canta –Me gusta el helado. Me gusta el helado.—

--¡Jaime! ¡Limpia todo!-- grita la mamá.
Jaime tiene que limpiar la casa entera. También
tiene que lavar al niño. Y no hay más helado.
Pobre Jaime.

*...se embarra la cara, las manos, y se embarra el
helado por todas partes.*

Jaime y el helado

Jaime tenía hambre. ¿Qué quería comer? Decide que quería comer helado. Jaime sacó un tazón y una cuchara y fue al refri. Había muchas cosas en el refri, pero ¿Dónde estaba el helado? Buscó y buscó y por fin encontró el helado. Sacó el helado y fue a la mesa para prepararlo. Buscó su cuchara y el tazón y ¡no estaban! ¿Dónde estaban el tazón y la cuchara? Ah, Jaime recordó. Fue al refri y sacó la cuchara y el tazón y los puso con el helado.

Usando la cuchara, Jaime puso el helado en el tazón y empezó a comer. Cuando Jaime terminó de comer helado, no puso el helado en el refri. Fue a la sala para mirar la tele.

El hermanito de Jaime, el niño Raúl, entró en la cocina y vio el helado en la mesa. Abrió el helado y metió la mano. Probó el helado y le gustó. Metió las dos manos en el helado y se embarró la cara, las manos, y se embarró helado por todas partes. Le gustó muchísimo.

Cuando la mamá de Jaime entró en la casa, gritó –¡Jaime! ¡Ven acá! Jaime corrió a su mamá. ¡O no! Había helado en el sofá, en las sillas, en el perro, en el gato, y ¡aún (even) en los libros! El niño Raúl estaba en el sofá

cubierto de helado. Comía el helado y cantaba –
Me gusta el helado. Me gusta el helado.—

   --¡Jaime! ¡Limpia todo!-- gritó la mamá.
Jaime tenía que limpiar la casa entera. También
tenía que lavar al niño. Y no había más helado.
Pobre Jaime.

*...se embarró la cara, las manos, y se embarró
helado por todas partes. Le gustó muchísimo.*

La cena de Cristóbal

Cristóbal el Cucuy tiene hambre. Quiere comer. Va a la cocina y ve la cabeza de un hombre. --O Mamá!---le dice. --¿Cabeza otra vez?—

Mamá le dice –Cristóbal, tú sabes que hay muchos monstruos en América Central que no tienen nada de comer. Tú tienes cabeza—es buena y vas a comerla. Mamá levanta la cabeza y la lleva al comedor.

Cristóbal, su mamá y su papá comen, y mientras comen el papá le dice –Cristóbal, mira tu cuchara. Es muy limpia. Cristóbal mira la cuchara limpia y le dice –Uy, Papá. Gracias.— La lleva a la cocina y la lava con lodo (mud).

Mamá le dice--Bueno, pues. ¿Quién quiere los ojos?—Cristóbal le dice –Yo no, gracias. ¿Puedo comer las mejillas?—Mamá le dice –Claro que sí. -- Le da dos mejillas muy buenas a Cristóbal.

En la noche, Cristóbal dice –Mamá, gracias por la cabeza. Estuvo deliciosa. Pero mañana, ¿podemos tener perros calientes (hot dogs)?—

Mamá sonríe. –Sí, Cristóbal. Busca los perros en la calle mañana y podemos comerlos para la cena (dinner).— ¡Qué deliciosos!

La cena de Cristóbal

Cristóbal el Cucuy tenía hambre. Quería comer. Fue a la cocina, y vio la cabeza de un hombre. ---¡O Mamá!---le dijo. --¿Cabeza otra vez?—

Mamá le dijo –Cristóbal, tú sabes que hay muchos monstruos en América Central que no tienen nada de comer. Tú tienes cabeza—es buena y vas a comerla. Mamá levantó la cabeza y la llevó al comedor.

Cristóbal, su mamá y su papá comieron, y mientras comían el papá le dijo –Cristóbal, mira tu cuchara. Es muy limpia. Cristóbal mira a la cuchara limpia y le dice –Uy, Papá. Gracias.— La llevó a la cocina y la lavó con lodo (mud).

Mamá le dijo--Bueno, pues. ¿Quién quiere los ojos?—Cristóbal le dijo –Yo no, gracias. ¿Puedo comer las mejillas?—Mamá le dijo –Claro que sí. -- Le da dos mejillas muy buenas a Cristóbal.

En la noche, Cristóbal dijo –Mamá, gracias por la cabeza. Estuvo deliciosa. Pero mañana, ¿podemos tener perros calientes?—

Mamá sonrió. –Sí, Cristóbal. Busca los perros en la calle mañana y podemos comerlos para la cena (dinner).— ¡Qué deliciosos!

Adiós, amigos.
¡Hasta la próxima!

Made in the USA
San Bernardino, CA
29 December 2015